lonely planet

MA CUISINE made in LONDRES

SOLAR ÉDITIONS

SOMMAIRE

POSTAGE £1

Wandsworth
TELEPHONE

COMMENT
THE SUNDAY TIMES

No 42 YE OLDE LONDON No 42
Olde London
Free
WI-FI
AIR
TERRACE
GARDEN
Great Pub Experience

LA CUISINE À LONDRES

Jadis raillé par la planète culinaire, Londres a mis la main à la pâte, ces vingt dernières années, et elle est devenue une destination incontournable des fins gourmets. La richesse de l'offre est extraordinaire : la cuisine anglaise a été mixée à toutes les épices venues d'ailleurs et la capitale propose une palette étendue de plats du monde entier, bien loin des clichés.

DE LA CUISINE ANGLAISE TRADITIONNELLE AUX GASTROPUBS

Certes, l'Angleterre est le pays qui a inventé les *beans on toast*, la *jelly,* les *mushy peas* (purée de petits pois) et les *chip butties* (frites entre deux tranches de pain blanc non grillé), mais l'histoire ne s'arrête pas là.

Du XIXe siècle au lendemain de la Seconde Guerre mondiale, le déjeuner de nombreux Londoniens consistait en une tourte d'anguilles épicées (la Tamise regorgeait de ce poisson) servie avec une purée de pommes de terre. Les sandwichs ont aujourd'hui remplacé les tourtes, mais ces dernières ont toujours des adeptes et le *chicken pie* reste l'un des classiques de la cuisine anglaise traditionnelle. Qu'il s'agisse du rosbif dominical accompagné de Yorkshire puddings (gâteaux légers à base de pâte à crêpe à déguster avec le jus de viande) ou d'un cornet de *fish and chips* mangé sur le pouce avec une pincée de sel et quelques gouttes de vinaigre de malt, la cuisine anglaise à l'ancienne, lorsqu'elle est bien préparée, peut être succulente. Les *bangers and mash* (saucisses-purée) ont d'ailleurs toujours les faveurs des pubs traditionnels. Par ailleurs, rien ne vaut un petit-déjeuner anglais, avec bacon,

saucisses, haricots, œufs et champignons pour bien commencer la journée.

Dans les années 1990, la révolution gastronomique a coïncidé avec l'avènement d'un nouveau phénomène dans le centre de Londres : les *gastropubs*. Fi des plats roboratifs et réchauffés, place à une cuisine fraîche et contemporaine, à base d'ingrédients jusque-là peu connus des Londoniens. Les *gastropubs* sont aujourd'hui très répandus, notamment dans les quartiers qui montent : gage de branchitude, on y croise une clientèle de jeunes travailleurs dynamiques.

La cuisine britannique moderne a gagné ses lettres de noblesse en intégrant des ingrédients traditionnels (parfois sous-estimés) comme les légumes racines, le poisson fumé, les crustacés, le gibier et des viandes comme la saucisse ou le *black pudding* (boudin noir à base de farine d'avoine, d'épices et de sang de porc). Les plats proposés sont donc variés : gibier servi avec des topinambours, coquilles Saint-Jacques grillées, *black pudding* à l'orange ou encore rôti de porc au chorizo sur une purée au romarin.

POISSON ET FRUITS DE MER

Nombre de visiteurs de la fière Albion s'étonnent que cette cuisine insulaire fasse

aussi peu de cas des poissons et fruits de mer, *fish and chips* excepté. Cependant, les restaurants britanniques actuels ont entrepris de combler leur retard et proposent désormais des spécialités locales : sole de Douvres, huîtres de Cornouailles, pétoncles d'Écosse, anguille fumée du Norfolk, hareng de l'Atlantique ou maquereau. Il existe d'excellents restaurants de fruits de mer, sans oublier les échoppes de *fish and chips* qui vendent des filets de morue, d'aiglefin ou de carrelet.

DESSERTS ET AFTERNOON TEA

L'Angleterre et les restaurants britanniques ont la culture du dessert. Parmi les nombreuses spécialités, citons le *bread and butter pudding,* le pudding au caramel (pudding à l'étuvée avec des dattes, recouvert d'une divine sauce caramel), le *spotted dick* (pudding cuit à la vapeur avec de la graisse de bœuf, des fruits secs et de la sauce custard), l'Eton mess (joyeux fouillis de meringue, de crème fouettée et de fraises), sans oublier le Christmas pud-

ding (pudding avec fruits confits et cognac) et le crumble (à la pomme, à la rhubarbe, etc.).

Les gourmands ne manqueront pas de s'offrir un afternoon tea, composé de cupcakes, de scones ou d'autres douceurs. Le thé fut introduit en Angleterre au XVIIe siècle, mais la pratique de l'afternoon tea n'apparut qu'en 1840. La duchesse de Bedford fut la première à se faire servir des gâteaux et des en-cas entre deux tranches de pain, invention du comte de Sandwich un siècle plus tôt. Encore aujourd'hui, concombre et saumon fumé en sandwichs constituent des valeurs sûres de l'afternoon tea, accompagnés de pies, de shortbread ou de biscuits.

CUISINES DU MONDE

S'il est si plaisant de se restaurer à Londres, c'est aussi parce que le choix est immense. Pour des raisons historiques, la cuisine indienne est omniprésente. De manière générale, la cuisine asiatique est très populaire. Il y a une pléthore de

restaurants chinois, thaïlandais, japonais et coréens, ainsi que des établissements proposant une fusion sophistiquée d'influences venues de toute l'Asie. Les meilleures tables indiennes (ou, plus précisément, bangladaises et pakistanaises) sont concentrées vers Commercial Rd et Whitechapel Rd, à l'est.
La cuisine européenne continentale – française, italienne, espagnole, grecque et scandinave –, servie par des établissements raffinés, est aussi très prisée. Les cuisines se concentrent généralement dans les quartiers où leurs communautés sont présentes : est-européenne à Shepherd's Bush ou turque à Dalston, entre autres.
De l'érythréenne à la birmane, quantité d'autres cuisines sont représentées dans la capitale, dont l'un des grands plaisirs consiste à déguster des saveurs inédites.

WRAPS ENGLISH BREAKFAST

Tout le monde connaît le fameux English breakfast et ses “beans on toast” ; en voici une version modernisée, façon wraps trendy à emporter.

POUR 4 PERSONNES - PRÉPARATION : 10 MIN - CUISSON : 10 MIN

1 boîte de haricots blancs à la sauce tomate, 8 tranches de bacon fumé, 3 œufs, 2 c. à s. de lait, 4 pains à rouler de votre choix (chapatis, lavash, pitas…), sel et poivre du moulin

Mixez les haricots blancs jusqu’à obtenir une crème épaisse.

Faites griller le bacon dans une poêle, sans matière grasse.

Battez légèrement les œufs avec le lait, du sel et du poivre. Placez-les dans un bol au-dessus d’une casserole d’eau bouillante (au bain-marie) et mélangez sans cesse jusqu’à obtenir une texture crémeuse.

Faites tiédir les pains au micro-ondes ou au grille-pain.

Tartinez-les de purée de haricots blancs, ajoutez 2 tranches de bacon et terminez par une couche d’œufs brouillés. Roulez rapidement le tout et dégustez chaud : ce wrap n’aime pas du tout être servi froid !

BREAKFAST SCONES DE POMMES DE TERRE AU PAVOT

Plus fines que les scones sucrés, ces galettes de pommes de terre, plus familièrement appelées "tattie scones", accompagnent généralement les œufs au bacon du petit-déjeuner.

POUR 8 SCONES - PRÉPARATION : 18 MIN - CUISSON : 35 MIN

300 g de pommes de terre bintje, 225 g de farine, 3 c. à c. rases de levure, 2 c. à s. de graines de pavot, 50 g de beurre demi-sel, 10 cl de lait entier + pour la finition, 8 fines tranches de lard ou de bacon, 16 œufs de caille, beurre doux, 1 bonne pincée de sel

Pelez, lavez et coupez les pommes de terre en dés. Dans une casserole, couvrez-les d'eau froide, portez à ébullition et faites cuire 20 minutes. Égouttez bien et écrasez-les en purée. Ne conservez que 180 g de purée pour la recette.

Préchauffez le four à 200 °C (th. 7) avec une plaque de cuisson. Mélangez la farine, le sel, la levure et la moitié du pavot. Ajoutez le beurre demi-sel coupé en dés et mélangez rapidement à la fourchette en l'écrasant grossièrement. Incorporez la purée tiède, puis le lait en mélangeant le moins possible à la fourchette, juste pour amalgamer les ingrédients.

Formez une boule de pâte. Sur une surface farinée, étalez-la avec la paume de la main sur une épaisseur de 1,5 cm. Avec un emporte-pièce cannelé de 6 cm de diamètre, découpez des scones d'un coup sec, sans tourner. Farinez l'emporte-pièce à chaque fois. Formez une boule avec les chutes de pâte, sans trop la manipuler, et découpez à nouveau des scones.

Avec une palette, retournez les scones sur la plaque chauffée garnie de papier sulfurisé, badigeonnez au pinceau le haut des scones avec du lait (évitez de le faire couler), parsemez du pavot restant et enfournez pour 15 minutes. Ils doivent être dorés et gonflés.

Faites revenir le lard dans une poêle. Réservez à part. Puis, à la place, faites cuire les œufs de caille au plat. Servez les scones dès la sortie du four. Ouvrez-les en deux dans l'épaisseur, tartinez-les de beurre doux et dégustez-les avec les œufs et le lard.

TARTINES DE COTTAGE CHEESE AU SAUMON FUMÉ

Indissociables de l'"afternoon tea" chic, ces tartines font un excellent amuse-bouche à servir lors d'un apéritif.

POUR 4 PERSONNES - PRÉPARATION : 10 MIN - CUISSON : 2 MIN

6 brins d'aneth frais, 5 tranches de saumon fumé (150 g), 200 g de cottage cheese, 1 c. à c. de jus de citron, 8 tranches de pain moulé au levain et aux céréales multigraines, sel et poivre blanc du moulin

Ciselez les brins d'aneth. Mixez 1 tranche de saumon avec le cottage cheese, le jus de citron, du sel, du poivre et 1 cuillerée à soupe d'aneth ciselé. Coupez les autres tranches de saumon en lanières.

Faites dorer les tranches de pain au grille-pain et tartinez-les du mélange au cottage cheese.

Recouvrez de lanières de saumon en diagonale, parsemez du reste d'aneth ciselé et servez.

le petit + LONELY PLANET ★★★

Le meilleur cottage cheese de Londres s'achète au Borough Market, le plus renommé des marchés londoniens, chez le fromager Neal's Yard Dairy.

YORKSHIRE PUDDINGS

Nappés de sauce *(gravy)*, ces petits gâteaux salés accompagnent immanquablement le rosbeef et les petits pois du dimanche !

POUR UNE DOUZAINE DE PUDDINGS - PRÉPARATION : 10 MIN - CUISSON : 40 MIN

2 œufs, 10 cl de lait, 200 g de farine, 30 g de sucre en poudre, 2 c. à c. de vanille liquide, 40 cl d'huile neutre, 1 pincée de cannelle en poudre, sucre glace (facultatif), 1 pincée de sel

Préchauffez le four à 220 °C (th. 7).

Dans le bol d'un robot, versez le lait, 10 cl d'eau et les œufs. Ajoutez la farine tamisée salée et poivrée. Mixez afin d'obtenir un mélange homogène et très fluide.

Munissez-vous d'une plaque en silicone ou en métal à alvéoles (type moule à muffins ou à cannelés). Versez dans chaque alvéole une cuillerée à soupe d'huile, et faites chauffer au four 10 minutes. Sortez la plaque du four et versez la préparation dans chaque alvéole, en ne les remplissant qu'à moitié. Faites cuire au four 10 minutes à 220 °C (th. 7) puis 20 minutes à 180 °C (th. 6).

Éteignez le four en fin de cuisson, entrouvrez la porte et laissez les puddings refroidir 10 minutes. Sortez les puddings du four et démoulez-les sur une grille.

PURÉE DE POMMES DE TERRE À L'ANCIENNE

Sans purée, le bangers and mash ne serait pas. Tout l'art de la saucisse-purée à l'anglaise tient dans un heureux équilibre entre purée onctueuse, saucisses dodues et généreux bain de jus de viande.

POUR 4 PERSONNES - PRÉPARATION : 25 MIN - CUISSON : 35 MIN

1 kg de pommes de terre à chair farineuse, 30 cl de lait entier, 100 g de beurre, quelques pincées de noix muscade, gros sel, sel fin et poivre du moulin

Lavez les pommes de terre et mettez-les dans une casserole sans les peler. Couvrez largement d'eau froide, ajoutez une pincée de gros sel et portez à ébullition. Faites cuire 30 minutes environ à feu moyen (vérifiez la cuisson avec la pointe d'un couteau).

Égouttez les pommes de terre et laissez-les refroidir légèrement avant de les peler.

Faites chauffer le lait dans une casserole, puis réservez-le.

Coupez les pommes de terre en morceaux, puis passez-les au presse-purée. Placez la préparation dans une grande casserole à fond épais. Faites dessécher la purée 2 ou 3 minutes à feu très doux en la travaillant avec une spatule.

Incorporez le beurre coupé en morceaux sans cesser de travailler la purée, puis versez le lait chaud en filet continu et mélangez jusqu'à obtention d'une consistance homogène. Salez et poivrez. Ajoutez la noix muscade, puis travaillez la purée avec un fouet pour la rendre plus mousseuse. Si la consistance ne vous paraît pas idéale, n'hésitez pas à ajouter un peu de lait ou de beurre.

CHICKEN PIE

Ronde, chaude et revigorante... la tourte anglaise aime les variations. Elle s'apprécie aussi bien salée (au bœuf, aux rognons...) que sucrée (aux pommes, aux fruits secs...).

POUR 6 PERSONNES - PRÉPARATION : 25 MIN - CUISSON : 1 H 10

6 échalotes, 500 g de champignons de Paris, 30 g de beurre + 10 g pour la tourtière, 20 cl de crème fraîche épaisse, 1 grosse pincée de noix muscade, 750 g de blancs de poulet, 500 g de pâte feuilletée, 12 fines tranches de bacon, 10 cl de bouillon de volaille, 1 jaune d'œuf, sel et poivre du moulin

Pelez et hachez finement les échalotes. Nettoyez et émincez les champignons. Faites fondre les échalotes à feu doux dans une poêle avec 15 g de beurre. Quand elles sont transparentes, ajoutez les champignons et faites revenir à feu plus vif, en remuant souvent, jusqu'à ce que toute leur eau soit évaporée.

Versez la crème fraîche, salez et poivrez. Ajoutez la noix muscade et laissez mijoter doucement quelques minutes pour que le mélange épaississe un peu. Laissez refroidir.

Dans une poêle, faites revenir 3 ou 4 minutes les blancs de poulet avec 15 g de beurre, en les retournant plusieurs fois. Salez et poivrez.

Préchauffez le four à 180 °C (th. 6) et beurrez largement une tourtière. Étalez la pâte en 2 disques de 3 mm d'épaisseur environ, l'un un peu plus grand que l'autre. Garnissez la tourtière avec le plus grand des disques, en le laissant dépasser des bords du moule. Recouvrez le fond des tranches de bacon, puis étalez la moitié des champignons. Répartissez les blancs de poulet, recouvrez-les du reste des champignons et versez le bouillon.

Humidifiez les bords de la pâte, puis couvrez avec le second disque. Soudez bien les bords en les pressant, repliez-les ou redécoupez régulièrement le tour. Percez le centre de ce couvercle pour faire une cheminée. Créez un décor avec les chutes de pâte. Battez le jaune d'œuf avec 1 cuillerée à soupe d'eau et badigeonnez la surface.

Enfournez et faites cuire 1 heure environ, en couvrant en cours de cuisson si la surface colore trop rapidement. Servez aussitôt.

le petit + LONELY PLANET ★★★

Pour déguster un repas ouvrier d'autrefois, composé d'une tourte et de purée, rendez-vous à F. Cooke (9 Broadway Market), un restaurant à l'ancienne de l'East End.

VERRINES DE PETITS POIS À LA MENTHE

Ah les "*mushy peas*" ! Ces petits pois écrasés, habituellement servis avec le roast beef du dimanche, gagnent en indépendance et laissent exploser leur fraîcheur dans leur version verrine.

POUR 6 PERSONNES - PRÉPARATION : 20 MIN - INFUSION : 5 À 10 MIN - CUISSON : 5 À 10 MIN - RÉFRIGÉRATION : 1 H

1 petit bouquet de menthe fraîche, 300 g de petits pois (frais ou décongelés), 4 c. à s. de crème liquide, sel et poivre du moulin

Faites bouillir 1 litre d'eau dans une casserole. Aux premiers frémissements, retirez du feu, ajoutez la menthe, couvrez et laissez infuser 5 à 10 minutes.

Retirez la menthe, salez et amenez à nouveau à ébullition. Jetez les petits pois dans la casserole et faites-les cuire 5 à 10 minutes, jusqu'à ce qu'ils soient très tendres. Égouttez-les en conservant le liquide de cuisson.

Mettez les petits pois dans le bol d'un robot électrique et mixez 2 ou 3 minutes, en ajoutant progressivement un peu de liquide de cuisson jusqu'à l'obtention d'une purée lisse et très fluide. Filtrez-la à travers une passoire fine.

Incorporez la crème en fouettant vivement. Goûtez et rectifiez l'assaisonnement.

Versez dans des verrines et mettez au moins 1 heure au réfrigérateur. Servez très frais.

RÔTI ANGLAIS

Une alternative au rosbif dominical qu'on peut accompagner de Yorkshire puddings. Pour simplifier, faites cuire au four les mêmes ingrédients dans un moule à cake beurré et parsemé de chapelure : c'est alors un pâté de viande américain !

POUR 6 PERSONNES - PRÉPARATION : 20 MIN - CUISSON : 30 MIN ENVIRON

600 g de viande de bœuf crue hachée, 80 g de mie de pain trempée dans du lait, 2 œufs, 1 oignon, quelques brins de persil, 1 pincée de noix de muscade râpée, 6 c. à s. de chapelure, 2 verres de vin blanc sec, 80 g de beurre, sel, poivre

Pelez l'oignon. Hachez-le avec le persil. Faites fondre du beurre dans une poêle et mettez-y le hachis à blondir.

Mêlez dans une terrine la viande hachée, les œufs, la mie de pain trempée, le hachis d'oignons et d'herbes, un verre de vin blanc, sel, poivre et noix de muscade. Formez avec cette farce un pain allongé que vous roulerez dans la chapelure.

Faites fondre 50 g de beurre dans une cocotte et mettez-y le rôti que vous ferez dorer sur toutes ses faces. Ajoutez ensuite un verre de vin blanc et laissez mijoter à couvert 30 minutes environ, en ajoutant de temps en temps un peu d'eau chaude pour que le rôti n'attache pas.

Découpez en tranches et dressez sur un plat chaud.

Servez aussitôt.

le petit + LONELY PLANET

Il existe une version avec du porc et des épices, le *Lincolnshire haslet*, que l'on mange froid et en tranches.

Londres
MARMITE
Colman's
Mustard

FISH AND CHIPS DE MAQUEREAU

Pour plus d'authenticité, remplacez le maquereau par de la morue ou de l'aiglefin, et servez-les enroulés dans du papier, avec une goutte de vinaigre de malt.

POUR 4 PERSONNES - PRÉPARATION : 20 MIN - REPOS DE LA PÂTE : 1 H - CUISSON : 15 MIN

Pour la pâte : 200 g de farine, 2 œufs, 25 cl de bière légère, sel
Pour la garniture : 600 g de filets de maquereau, 800 g de pommes de terre à chair ferme, huile de friture, quelques quartiers de citron, sel

Préparez d'abord la pâte : versez la farine en fontaine dans une jatte, cassez les œufs dans le creux, puis mélangez vivement en versant progressivement la bière, jusqu'à l'obtention d'une consistance lisse et fluide. Salez et laissez reposer 1 h.

Rincez les filets de maquereau à l'eau fraîche, coupez chacun en deux ou trois morceaux, puis épongez-les soigneusement.

Épluchez les pommes de terre, coupez-les en fines rondelles et rincez-les à grande eau. Égouttez-les et séchez-les avec du papier absorbant.

Préchauffez le four à 90 °C (th. 3). Faites chauffer l'huile de friture à 170 °C (un brin de persil doit commencer à y frire en 2 secondes).

Plongez les pommes de terre dans l'huile chaude, par petites quantités pour qu'elles ne collent pas entre elles, et faites-les frire 2 ou 3 minutes, jusqu'à ce qu'elles soient bien dorées. Sortez-les avec une écumoire, égouttez-les quelques instants sur du papier absorbant. Maintenez-les au chaud dans le four sur un plat.

Prenez les morceaux de poisson avec une fourchette, trempez-les un à un dans la pâte et plongez-les au fur et à mesure dans l'huile chaude. Quand ils sont bien dorés, égouttez-les à leur tour sur une double épaisseur de papier absorbant. Gardez les premiers au chaud avec les pommes de terre pendant la fin de la cuisson.

Salez légèrement ces fish and chips et servez sans attendre avec des quartiers de citron.

le petit LONELY PLANET

Pour un authentique *fish and chips* ultrafrais, direction le Masters Super Fish (191 Waterloo Rd SE1), une cantine de la rive sud de la Tamise.

CÔTELETTES DE CHEVREUIL AUX AIRELLES

Un plat d'hiver que l'on déguste volontiers au coin du feu dans un gastropub ou dans un château après une chasse à courre !

POUR 4 PERSONNES - PRÉPARATION : 20 MIN - CUISSON : 15 MIN

3 échalotes, 30 cl de porto, 1 pincée de gingembre moulu, 1 pincée de piment de Cayenne, ½ c. à s. de zeste d'orange non traitée, ½ c. à s. de zeste de citron non traité, 80 g de gelée d'airelles, 60 g d'airelles, 12 à 16 côtelettes de chevreuil (selon la taille), 2 c. à s. d'huile, sel et poivre du moulin

Pelez les échalotes. Versez le porto dans une petite casserole, ajoutez les échalotes, le gingembre et le piment de Cayenne. Râpez les zestes des agrumes et ajoutez-les. Laissez réduire de moitié à feu vif. Filtrez à travers une passoire fine.

Faites fondre la gelée d'airelles dans le liquide chaud au porto en remuant doucement, puis ajoutez les airelles. Salez et poivrez. Gardez au chaud.

Séchez bien les côtelettes. Salez et poivrez les deux côtés. Faites chauffer l'huile dans une grande poêle, à feu vif. Quand elle commence à fumer, placez les côtelettes côte à côte et faites-les cuire 2 à 3 minutes de chaque côté : la viande doit être saisie et rester très rosée au cœur.

Disposez les côtelettes sur un plat chaud, nappez de sauce aux airelles et servez aussitôt.

le petit + LONELY PLANET ★★★

Les amateurs de gibier pourront se rendre au Smithfield Market (métro Farringdon), le dernier marché à viande du centre de Londres, installé dans un bâtiment splendide.

COMMENT
THE SUNDAY TIMES

PARMENTIER DE HADDOCK

Pommes de terre et haddock ne finissent pas forcément toujours en fish and chips ! La preuve ici avec cette variante horizontale du fameux plat british.

POUR 4 À 6 PERSONNES - PRÉPARATION : 30 MIN - CUISSON : 35 À 40 MIN

800 g de pommes de terre à chair ferme, 40 cl de crème fraîche, 800 g de filets de haddock, 1 bouquet garni (thym, persil, laurier), 1 l de lait, sel et poivre du moulin

Épluchez et lavez les pommes de terre. Coupez-les en morceaux. Faites-les cuire 20 minutes à l'eau bouillante salée, puis égouttez-les. Écrasez-les à la fourchette en incorporant progressivement 20 cl de crème. Poivrez et mélangez.

Mettez le haddock dans une casserole avec le bouquet garni et recouvrez-le du lait. Amenez doucement à petits frémissements et faites cuire 6 minutes.

Égouttez le haddock, retirez la peau et les arêtes restantes, puis taillez-le en fines tranches.

Préchauffez le four à 210 °C (th. 7). Beurrez un plat à four.

Étalez la moitié des pommes de terre écrasées dans le plat, puis disposez le haddock. Nappez-le du reste de la crème et recouvrez du reste de purée.

Enfournez pour 10 à 15 minutes, jusqu'à ce que la surface commence à dorer. Servez dans le plat de cuisson.

le petit + LONELY PLANET

Les restaurateurs londoniens se fournissent au marché de gros au poisson, le Billingsgate Fish Market (à Canary Wharf), ouvert au grand public. Avis aux amateurs d'iode et d'ambiance maritime !

MAP TUBE

PURÉE DE PANAIS AU BACON GRILLÉ

Les légumes anciens et le bacon, une alliance toute britannique venue des gastropubs, qui ont redonné leurs lettres de noblesse aux légumes racines.

POUR 4 PERSONNES - PRÉPARATION : 20 MIN - CUISSON : 35 MIN

1 kg de panais, 1 gros oignon, 1 grosse pomme boskoop, 2 c. à s. d'huile de maïs, 40 cl de bouillon de légumes (ou 40 cl d'eau), 1 c. à c. bombée de graines de cumin, 8 tranches très fines de bacon fumé, 2 c. à s. de crème fraîche, sel et poivre du moulin

Pelez les panais et coupez-les en tronçons. Pelez et hachez l'oignon. Pelez et évidez la pomme, coupez-la en quartiers.

Faites chauffer l'huile dans une casserole à fond épais, ajoutez l'oignon et faites-le revenir en remuant, sans le laisser colorer. Déposez ensuite les panais et les quartiers de pomme, mélangez et ajoutez 40 cl de bouillon de légumes (ou d'eau). Portez à la limite de l'ébullition, salez et poivrez. Couvrez et baissez le feu. Laissez mijoter 30 minutes.

Pendant ce temps, dans une petite poêle, faites chauffer à sec les graines de cumin jusqu'à ce qu'elles commencent à exhaler leur parfum, en prenant garde qu'elles ne brûlent pas. Retirez la poêle du feu et pilez finement les graines dans un mortier. Ajoutez-les dans la casserole, puis passez le contenu au mixeur. Incorporez ensuite la crème fraîche et fouettez jusqu'à obtention d'un mélange homogène. Maintenez au chaud.

Faites rapidement revenir les tranches de bacon à sec dans une poêle, jusqu'à ce qu'elles soient bien croustillantes, puis épongez-les sur du papier absorbant et émiettez-les grossièrement. Versez la purée de panais dans un plat creux bien chaud et parsemez-la de miettes de bacon.

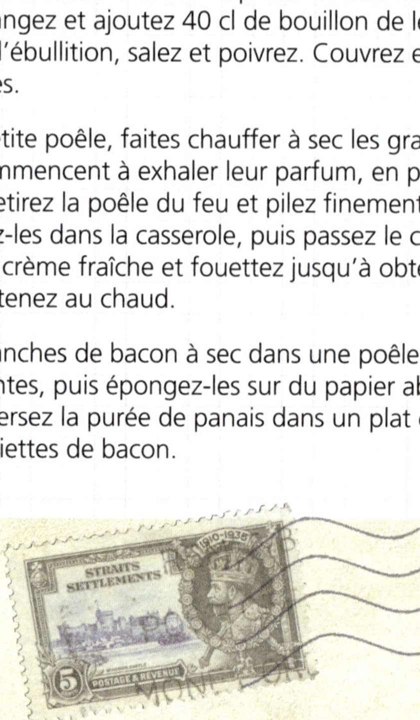

POULET PIMENTÉ AUX CACAHUÈTES

Le "Gong bao ji ding", littéralement "poulet en dés à la royale", est un plat typique de la région du Sichuan, que l'on retrouve à la carte de la plupart des restaurants de Chinatown.

POUR 4 PERSONNES - PRÉPARATION : 15 MIN - CUISSON : 15 MIN

3 blancs de poulet fermier, 4 c. à s. de sauce de soja, 1 c. à s. d'alcool de riz, 3 gousses d'ail, 1 morceau de gingembre de 2 cm, 5 tiges d'oignon nouveau (ou cives), 3 piments séchés, 3 c. à s. de sucre en poudre, 3 c. à s. de vinaigre, 1 c. à c. d'huile de sésame, 5 c. à s. d'huile végétale, 1 c. à c. de poivre de Sichuan, 1 c. à c. de fécule de pomme de terre, 100 g de cacahuètes entières, sel

Coupez les blancs de poulet en petits dés. Faites-les mariner une dizaine de minutes avec 1 pincée de sel, 2 cuillerées à café de sauce de soja et l'alcool de riz.

Hachez l'ail et râpez le gingembre. Coupez les tiges d'oignon en petits morceaux. Retirez les graines des piments et émincez-les en lamelles très fines.

Dans une jatte, mélangez le sucre, la sauce de soja, le vinaigre, l'huile de sésame et ½ verre d'eau.

Faites chauffer l'huile végétale dans une grande poêle. Ajoutez les piments et quelques grains de poivre de Sichuan. Dès qu'ils libèrent leurs arômes, incorporez les morceaux de poulet. Remuez bien, puis ajoutez l'ail, le gingembre et les tiges d'oignon. Mélangez et laissez dorer jusqu'à ce que la viande soit cuite. Versez alors la sauce, sans cesser de remuer. Ajoutez la fécule de pomme de terre diluée dans un peu d'eau.

Retirez la poêle du feu dès que la sauce épaissit. Ajoutez les cacahuètes, mélangez, et servez sans attendre pour qu'elles restent croquantes.

le petit + LONELY PLANET ★★★

La qualité de la cuisine varie fortement à Chinatown – beaucoup d'établissements sont de médiocres pièges à touristes. Pour une authentique cuisine sichuanaise, dirigez-vous vers le Bar Shu (28 Frith St, W1 ; www.bar-shu.co.uk).

POULET BIRYANI

Le biryani est un plat de fête composé de riz, d'épices et, au choix, de viande, de poisson ou de légumes. Un grand classique des restaurants indiens de Londres !

POUR 6 PERSONNES - PRÉPARATION : 15 MIN - CUISSON : 50 MIN

250 g de riz basmati, 2 c. à s. d'huile d'arachide, 12 pilons de poulet, 3 gousses d'ail, 2 oignons, 1 morceau de gingembre de 2 cm, 1 c. à c. de curcuma, 20 cl de lait de coco, 60 cl de bouillon de volaille dégraissé, 200 g de pulpe de tomates, 2 c. à s. de coriandre (ou de persil plat), sel et poivre du moulin

Rincez le riz, puis égouttez-le.

Chauffez l'huile dans une cocotte à fond épais. Déposez-y les pilons, salez et poivrez, puis faites-les dorer de tous côtés à feu moyen. Réservez-les dans un plat creux.

Pelez et hachez l'ail et l'oignon. Râpez le gingembre. Dans la cocotte, versez l'ail, l'oignon, le curcuma, le gingembre et une pincée de sel. Faites revenir le tout 5 minutes en remuant. Puis remettez les pilons, arrosez avec le lait de coco et le bouillon. Ajoutez enfin le riz et la pulpe de tomates. Mélangez délicatement.

Couvrez la cocotte et laissez mijoter 40 minutes à feu doux. Ciselez la coriandre. Servez chaud, parsemé de coriandre.

le petit + LONELY PLANET ★ ★ ★

Depuis la période coloniale, l'influence réciproque des gastronomies indiennes et anglaises est constante. Le terme de curry est une invention anglaise pour désigner un mélange d'épices.

SAMOSSAS À L'INDIENNE, POMME DE TERRE ET CURRY

Ces petites bouchées parfumées vous enverront au cœur de Brick Lane, la rue des curries indiens, et de Banglatown, le quartier bangladais alentour.

POUR 4 PERSONNES - PRÉPARATION : 10 MIN - REPOS DE LA PÂTE : 1 H - CUISSON : 40 MIN

Pour la pâte : 150 g de farine, 75 g de beurre, sel
Pour la garniture : 1 belle pomme de terre, 100 g de fèves, 1 petite courgette, 1 gousse d'ail, 1 petit oignon, 25 g d'amandes entières, 2 c. à s. d'huile de tournesol, 1 pincée de curcuma, 1 pincée de curry, 1 pincée de graines de coriandre, 1 pincée de graines de cumin, 15 g de raisins secs blonds, 1 jaune d'œuf, 2 c. à c. de sésame doré, sel et poivre

Préparez la pâte : dans une jatte, versez la farine, une pincée de sel et le beurre coupé en petits dés. Travaillez du bout des doigts pour obtenir un mélange sableux. Ajoutez 4 cuillerées à soupe d'eau froide et formez une boule. Couvrez de film étirable et laissez reposer 1 heure au frais.

Pelez et lavez la pomme de terre, puis coupez-la en petits dés. Écossez les fèves. Lavez la courgette, coupez-la en petits dés. Pelez et hachez l'ail et l'oignon. Faites cuire les fèves 5 minutes à l'eau bouillante salée. Égouttez-les, puis retirez la pellicule qui les entoure. Concassez grossièrement les amandes.

Faites chauffer l'huile dans une sauteuse. Ajoutez les légumes, l'ail et l'oignon. Laissez-les dorer 3 minutes à feu moyen, en remuant. Salez et poivrez. Ajoutez le curcuma, le curry, les graines de coriandre et de cumin, les raisins secs et les amandes. Couvrez et laissez mijoter 15 minutes à feu très doux.

Préchauffez le four à 150 °C (th. 5). Étalez la pâte sur un plan de travail fariné. Découpez 8 cercles à l'aide d'un emporte-pièce fariné de 15 cm de diamètre, d'un coup sec, sans tourner. Répartissez le mélange de légumes et d'épices sur les cercles et repliez-les pour former des chaussons. Humectez les bords et pressez-les pour les souder.

Disposez les samossas sur une plaque à pâtisserie. Badigeonnez-les de jaune d'œuf battu avec 1 cuillerée à soupe d'eau et piquez-les trois ou quatre fois de la pointe d'un couteau. Saupoudrez de sésame, puis faites cuire 15 minutes au four. Dégustez chaud ou froid.

le petit + LONELY PLANET ★★★

La qualité des curries de Brick Lane ayant hélas fortement baissé ces dernières années, mieux vaut se rabattre sur les restaurants indiens de Whitechapel.

DAUBE DE POISSONS À LA CRÉOLE

C'est toute l'ambiance du carnaval de Notting Hill qui résonne dans l'assiette avec cette recette aux saveurs épicées des Caraïbes.

POUR 8 PERSONNES - PRÉPARATION : 30 MIN - MARINADE : 24 H - CUISSON : 25 MIN

1 petit piment, 2 citrons, 2 kg de poissons variés, en darnes ou en filets épais, 1 piment de la Jamaïque, le jus de 4 citrons verts, 1 gros oignon, 6 oignons nouveaux (ou cives), 4 gousses d'ail, 6 c. à s. de farine, 10 cl d'huile de tournesol, 6 tomates, 1 bouquet garni (thym, laurier, persil), sel et poivre du moulin

Enlevez les graines des 2 piments et hachez-les très finement. Lavez les citrons et coupez-les en deux. Rincez et séchez les morceaux de poisson. Frottez-les abondamment avec le côté pulpe des demi-citrons, puis mettez-les dans un plat creux. Parsemez-les des 2 piments. Salez et poivrez. Puis arrosez avec le jus de citron vert. Laissez mariner 24 heures au réfrigérateur.

Le lendemain, épluchez et hachez très finement l'oignon, les oignons nouveaux et l'ail. Étalez la farine dans une assiette. Sortez les morceaux de poisson de la marinade, épongez-les soigneusement, puis passez-les dans la farine. Tapotez pour en faire tomber l'excédent et enrobez-les d'une couche fine et régulière. Conservez la marinade.

Chauffez les trois quarts de l'huile dans une grande poêle. Faites-y frire les morceaux de poisson farinés, 2 minutes de chaque côté, puis posez-les au fur et à mesure sur du papier absorbant. Réservez-les.

Faites fondre tous les oignons avec le reste de l'huile dans une sauteuse, à feu doux. Quand ils sont bien tendres, ajoutez les tomates coupées en morceaux, l'ail et le bouquet garni. Salez et poivrez. Laissez mijoter doucement une dizaine de minutes, en remuant souvent, pour que la sauce épaississe.

Posez les morceaux de poisson frit sur la sauce de la sauteuse, arrosez-les avec la marinade et laissez cuire 4 à 5 minutes à feu doux. Servez aussitôt.

le petit + LONELY PLANET ★★★

Chaque année, le dernier week-end d'août, Notting Hill vib aux rythmes du calypso, du ska, du reggae et de la socca à l'occasion du carnaval. La cuisine est aussi reine avec quantité de stands servant des spécialités des Caraïbes.

DIGESTIVES, LES SAVOUREUX BISCUITS ANGLAIS

Comme leur nom l'indique ils sont censés faciliter la digestion. Mais ils sont aussi savoureux si on les recouvre d'une fine couche de chocolat fondu.

POUR 20 BISCUITS ENVIRON - PRÉPARATION : 15 MIN - REPOS DE LA PÂTE : 30 MIN - CUISSON : 10 MIN

50 g de flocons d'avoine, 70 g de farine complète, 30 g de farine blanche, 75 g de cassonade (ou sucre brun en poudre), 1 c. à c. de levure, 70 g de beurre demi-sel, 2 c. à s. de lait, 1 pincée de sel

Préchauffez le four à 180 °C (th. 6).

Passez au mixeur, pendant 1 minute, les flocons d'avoine avec les farines. Ajoutez la cassonade, la levure, le sel et le beurre fondu. Mélangez, puis ajoutez le lait.

Formez une boule de pâte et enveloppez-la dans un film alimentaire et laissez-la reposer 30 minutes au réfrigérateur.

Étalez la pâte au rouleau fariné sur une épaisseur de 3 mm.

Découpez des ronds de 8 cm de diamètre environ avec un emporte-pièce, d'un coup sec, sans tourner. Farinez l'emporte-pièce à chaque fois. Disposez-les sur une plaque de cuisson recouverte de papier sulfurisé.

Enfournez les biscuits pour 10 minutes environ. Ils doivent être juste dorés. Dégustez-les froid.

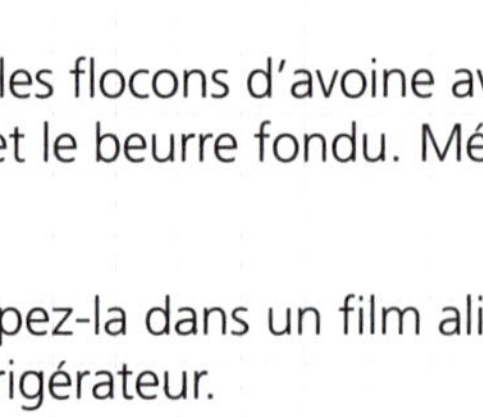

SCONES À LA BANANE, MIEL ET CHOCOLAT AU LAIT

Incontournables de l'"afternoon tea", les scones ne sauraient se déguster sans thé. Traditionnellement servis avec de la confiture et de la crème fouettée, ils se dévergondent ici dans leur habit de lumière.

POUR 12 SCONES - PRÉPARATION : 12 MIN - CUISSON : 10 À 12 MIN

380 g de farine, 30 g de sucre en poudre, 1 c. à c. de bicarbonate de soude, 200 g de chocolat au lait, 20 g de beurre demi-sel, 140 g de bananes, 4 c. à c. de miel liquide + pour la dégustation, 1 œuf, 10 cl de lait ribot + pour la finition, 6 petits-suisses

Préchauffez le four à 200 °C (th. 6-7) avec la plaque de cuisson. Mélangez la farine, le sucre, le bicarbonate et le chocolat taillé en grosses pépites. Ajoutez le beurre coupé en dés, et mélangez rapidement à la fourchette en écrasant grossièrement.

Pelez la banane, écrasez-la, mélangez-la au miel et incorporez-la à la préparation précédente. Puis ajoutez l'œuf battu et le lait en mélangeant le moins possible, juste pour amalgamer les ingrédients.

Formez une boule de pâte collante. Farinez bien vos mains ainsi que le plan de travail et étalez-la avec les paumes de vos mains sur une épaisseur de 2 cm. Avec un emporte-pièce de 6 cm de diamètre, découpez des scones d'un coup sec, sans tourner. Farinez l'emporte-pièce à chaque fois. Formez une boule avec les chutes de pâte, sans trop la manipuler, et découpez à nouveau des scones.

Recouvrez la plaque de cuisson de papier sulfurisé. Avec une palette, glissez-les sur la plaque chaude, badigeonnez le haut des scones avec du lait froid (évitez de le faire couler) et enfournez pour 10 à 12 minutes. Ils doivent être gonflés et dorés.

Servez les scones dès la sortie du four. Ouvrez-les en deux dans l'épaisseur, garnissez-les de petits-suisses battus et nappez d'un filet de miel.

le petit +
LONELY PLANET
★★★

Tentez l'expérience "afternoon tea" absolue en réservant au Ritz (4 semaines à l'avance !) ou au St James's chez Fortnum & Mason. Tout aussi élégant, Portrait, le restaurant de la National Portrait Gallery, propose un Champagne Cream Tea, avec vue sur les toits. So chic !

BISCUITS AUX RAISINS SECS ET AU WHISKY

Des petit biscuits au bon goût d'Irlande ou d'Écosse (selon la provenance du whisky), à consommer sans modération !

POUR 30 BISCUITS ENVIRON - PRÉPARATION : 20 MIN - MACÉRATION : 2 H - CUISSON : 10 MIN

50 g de beurre, 50 g de raisins secs, 5 cl de whisky, le zeste de 1 citron non traité, 40 g de sucre glace, 1 œuf, 80 g de farine, 25 g d'amandes en poudre

Faites ramollir le beurre en pommade à température ambiante. Faites macérer les raisins dans le whisky pendant 2 heures.

Lavez, essuyez le citron et râpez le zeste. Préchauffez le four à 200 °C (th. 6-7).

Dans une jatte, fouettez le beurre amolli et le sucre glace jusqu'à obtenir un mélange léger et mousseux. Incorporez alors l'œuf, le zeste de citron et fouettez encore 2 minutes.

Mélangez la farine et les amandes en poudre, puis incorporez-les au mélange précédent. Vous obtenez une pâte molle à laquelle vous ajoutez les raisins et le whisky.

Avec une poche à douille de 2 cm de diamètre environ, dressez des boules de pâte de la taille d'une noix sur une plaque recouverte de papier sulfurisé.

Enfournez pour 10 minutes environ.

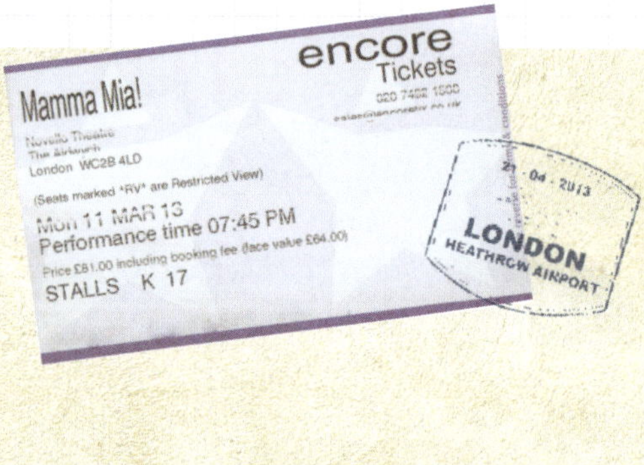

SHORTBREADS

D'origine écossaise, ces biscuits sont encore plus délicieux rehaussés d'un coulis de myrtilles et d'une touche de crème fouettée.

POUR 20 BISCUITS ENVIRON - PRÉPARATION : 15 MIN - REPOS DE LA PÂTE : 30 MIN MINIMUM CUISSON : 20 MIN

125 g de sucre en poudre + 2 c. à s. pour le saupoudrage, 250 g de farine, 125 g de farine de riz, 220 g de beurre demi-sel, 3 c. à s. de lait

Mélangez le sucre et les farines dans une jatte. Ajoutez le beurre en morceaux, puis versez le lait et travaillez la pâte du bout des doigts jusqu'à ce que les ingrédients soient liés.

Déposez la pâte sur un plan de travail, formez une boule et enveloppez-la dans un film alimentaire. Laissez reposer 30 minutes minimum (idéalement 2 heures) au réfrigérateur.

Étalez la pâte au rouleau fariné sur une épaisseur d'à peine 1 cm. Découpez 20 rectangles d'environ 7 cm (vous pouvez également utiliser des emporte-pièces ronds).

Transférez les biscuits sur une lèchefrite recouverte de papier sulfurisé et saupoudrez-les de sucre.

Faites cuire 20 minutes environ, jusqu'à ce que les shortbreads soient dorés. Laissez refroidir complètement avant de déguster.

CARROT CAKE

Créé pendant la Seconde Guerre mondiale, le carrot cake est devenu un classique. Pour une finition parfaite, il s'accompagne d'un glaçage de fromage frais fouetté au beurre mou et sucre glace.

POUR 8 À 10 PERSONNES - PRÉPARATION : 20 MIN - CUISSON : 50 MIN

250 g de carottes, 50 g de raisins secs, 50 g de cerneaux de noix, 2 œufs, 100 g de cassonade (ou sucre brun en poudre), 10 cl d'huile neutre, 150 g de farine, 1 sachet de levure, 100 g d'amandes en poudre, 1 c. à c. de cannelle, 1 c. à c. de gingembre en poudre, ½ c. à c. de noix muscade, 1 pincée de sel

Préchauffez le four à 180 °C (th. 6).

Pelez et râpez les carottes. Faites tremper les raisins secs dans un peu d'eau tiède. Concassez grossièrement les noix.

Fouettez les œufs et la cassonade jusqu'à ce que le mélange soit mousseux. Ajoutez l'huile.

Dans une jatte, mélangez la farine, la levure et les amandes en poudre. Ajoutez progressivement ce mélange à la préparation aux œufs. Ajoutez le sel, les raisins égouttés et les carottes râpées, en mélangeant à chaque fois.

Ajoutez les épices (cannelle, gingembre et muscade), puis les noix. Mélangez à nouveau.

Versez la préparation dans un moule à cake beurré. Enfournez pour 50 minutes.

CAKE AUX FRUITS CONFITS

Ce gâteau transportera plus d'un Anglais dans son enfance. Pour un effet vraiment très british, vous préférerez des fruits confits aux couleurs flashy.

POUR 4 PERSONNES - PRÉPARATION : 15 MIN - CUISSON : 40 MIN

200 g de farine, 1 sachet de levure, 3 œufs, 125 g de sucre en poudre, 200 g de fruits confits, 4 c. à s. d'huile, 2 c. à s. de rhum, sel

Préchauffez le four à 210 °C (th. 7).

Dans une jatte, mélangez la farine et la levure.

Dans une deuxième jatte, mélangez les œufs entiers, le sucre et les fruits confits. Ajoutez-y le mélange farine et levure. Puis incorporez l'huile en tournant. Versez le rhum. Ajoutez une pincée de sel. Mélangez bien.

Huilez légèrement un moule à cake et versez-y la pâte. Enfournez pour 40 minutes environ.

NDRES
QUES JOURS
PLAN
DÉTACHABLE
INCLUS

TRIFLE ESTIVAL

Ce dessert opérant en couches généreuses et colorées est ici allégé de sa génoise pour une version plus estivale. À présenter dans un verre pour un effet décoratif.

POUR 4 PERSONNES - PRÉPARATION : 10 MIN - RÉFRIGÉRATION : 1 H

150 g de fraises, 3 nectarines, 1 cuill. à soupe de menthe ciselée, 400 g de fromage blanc au lait de chèvre, 30 g de pignons de pin, 2 c. à s. de sirop de thé vert à la menthe (Maison Meneau, par exemple)

Pelez les nectarines, puis coupez- les en tout petits dés. Lavez les fraises, puis équeutez- les. Réservez- en 6 et coupez le reste en petits dés.

Mélangez les fruits ensemble et arrosez- les avec 1 cuill. à soupe de sirop de thé vert à la menthe dilué dans 10 cl d'eau (à défaut, préparez un thé vert à la menthe sucré et réservez- en 10 cl). Réservez au frais pendant au moins 1 h.

Mixez les pignons avec les 6 fraises réservées et le reste de sirop.

Égouttez le mélange de fruits (conservez le jus de macération) et répartissez-le dans le fond de 4 verres. Mélangez le fromage blanc avec un peu de jus de macération. Versez le tout dans les verres, en deuxième couche. Terminez par une couche de fraises et pignons mixés, et parsemez de menthe ciselée.

CUPCAKES CHOC'ORANGE

Qui ne connaît pas ce fameux petit gâteau coloré et fantaisiste, synonyme de fête et d'imagination ? Ici, il se fait discret et subtil, nappé de sa ganache montée à l'orange.

POUR 12 CUPCAKES ENVIRON - PRÉPARATION : 35 MIN - CUISSON : 20 À 25 MIN

12 carrés de chocolat noir à pâtisser, 2 oranges non traitées
Pour la ganache : 75 g de chocolat au lait à pâtisser, 75 g de chocolat noir à pâtisser, 10 cl de crème fraîche liquide, 2 cl de jus d'orange
Pour la pâte : 120 g de beurre, 100 g de sucre en poudre, 2 gros œufs, 140 g de farine, 2 c. à c. rases de levure, 1 pincée de sel, 1 orange non traitée

Préparez la ganache : coupez les chocolats en morceaux dans une jatte. Faites chauffer la crème et versez-la en deux fois sur les chocolats, en mélangeant vivement avec une spatule jusqu'à ce que le chocolat soit fondu et le mélange épaissi. Ajoutez le jus d'orange et laissez refroidir au réfrigérateur.

Préchauffez le four à 180 °C (th. 6). Faites ramollir le beurre à température ambiante.

Préparez la pâte : au batteur, mélangez le beurre et le sucre jusqu'à ce que la préparation blanchisse. Ajoutez les œufs un à un, puis la farine, la levure et le sel. Mélangez bien. Râpez le zeste de l'orange. Coupez-la en deux et pressez-la afin d'en récupérer le jus. Ajoutez zeste et jus à la préparation.

Déposez des caissettes à gâteaux dans chaque alvéole d'un moule à muffins, puis remplissez-les aux deux tiers de pâte. Enfoncez dans chaque caissette un carré de chocolat. Enfournez pour 20 minutes, sortez les caissettes du moule et laissez refroidir.

Fouettez 4 à 5 minutes au batteur la ganache refroidie pour qu'elle soit légère et aérée.

Garnissez les cupcakes de ganache à l'aide d'une poche à douille ou d'une spatule. Enlevez les extrémités des 2 oranges et découpez de belles tranches régulières. Recoupez chaque tranche en deux et décorez-en vos cupcakes.

le petit + LONELY PLANET ★★★

Cupcake, littéralement « gâteau dans la tasse », tiendrait son nom de sa cuisson dans un petit contenant (au début une tasse, désormais une caissette en papier).

WELSH CAKES AUX FRUITS SECS

Version aplatie et moelleuse des scones, les petits gâteaux gallois tradi reviennent en force sur la scène culinaire trendy.

POUR 24 WELSH CAKES - PRÉPARATION : 15 MIN - CUISSON : 20 MIN

1 œuf, 2 c. à s. de lait entier, 100 g de sucre en poudre, ½ c. à c. de quatre-épices, 30 g de raisins secs bruns, 60 g de figues sèches, 30 g de noisettes, 350 g de farine + pour la finition, 1 sachet de levure, 175 g de margarine spécial cuisson, 2 c. à s. d'huile, 1 sachet de sucre vanillé, ½ c. à c. de sel

Battez l'œuf et le lait, et réservez au frais. Mélangez le sucre en poudre, le quatre-épices, les raisins, les figues taillées en petits dés et les noisettes grossièrement concassées. Réservez.

Mélangez la farine, la levure et le sel. Ajoutez la margarine coupée en morceaux et mélangez rapidement à la fourchette en l'écrasant grossièrement. Incorporez le mélange sucre et fruits secs, puis celui d'œuf et de lait. Mélangez à la fourchette, le moins possible, juste pour amalgamer les ingrédients.

Formez une boule de pâte. Sur une surface farinée, étalez-la au rouleau fariné sur une épaisseur de 0,5 cm environ. Avec un emporte-pièce cannelé de 7 cm de diamètre, découpez des scones d'un coup sec, sans tourner. Farinez l'emporte-pièce à chaque fois. Formez une boule avec les chutes de pâte, sans trop la manipuler, et découpez à nouveau des scones.

Chauffez longuement une poêle bien huilée, puis baissez à feu doux. Avec une palette, glissez les scones dans la poêle et faites-les cuire 5 minutes de chaque côté. Ils doivent être bien dorés, mais moelleux à l'intérieur. La cuisson douce est essentielle pour que les scones soient cuits à cœur.

Posez-les sur une grille et saupoudrez-les de sucre vanillé. Dégustez chaud, tiède ou froid, avec une tasse de thé.

APPLE PIE

Pour une tarte 100% british, remplacez la reinette par la Bramley, une pomme à cuire verte et acidulée, originaire d'Angleterre.

POUR 8 PERSONNES - PRÉPARATION : 30 MIN - REPOS DE LA PÂTE : 30 MIN - CUISSON : 50 MIN

125 g de farine (Type 65), 125 g de farine complète, ½ sachet de levure, 1 c. à c. de cannelle, ½ c. à c. de quatre-épices, 100 g de margarine spécial cuisson, 2 c. à s. de jus de citron, 8 pommes reinettes ou Antarès, 1 c. à s. de sucre blond de canne, 1 c. à s. d'huile d'arachide, sucre glace

Mélangez les farines, la levure, la cannelle, le quatre-épices, la margarine et la moitié du jus de citron et fouettez jusqu'à l'obtention d'une pâte homogène. Formez une boule, déposez-la dans une jatte et laissez-la reposer 30 minutes au réfrigérateur.

Pendant ce temps, pelez les pommes, puis coupez-les en quatre, épépinez-les et taillez-les en dés. Mettez-les dans une jatte et arrosez-les du reste de jus de citron. Ajoutez le sucre et mélangez délicatement.

Préchauffez le four à 180 °C (th. 6).

Huilez au pinceau un moule à manqué de 20 cm de diamètre. Divisez la pâte en deux pâtons inégaux ($^2/_3$ et $^1/_3$). Sur le plan de travail fariné, étalez-les au rouleau fariné en deux disques de 5 mm d'épaisseur environ. Garnissez le moule avec le plus grand disque de pâte. Répartissez les pommes sur le fond, puis couvrez avec le petit disque. Humectez les bords et pressez-les pour bien fermer.

Enfournez pour 50 minutes. Servez la tourte tiède, poudrée de sucre glace et éventuellement accompagnée de fromage blanc.

CRUMBLE DE FRUITS EXOTIQUES

Le traditionnel crumble aux pommes anglais revisité dans sa version exotique vous fera oublier la grisaille londonienne l'espace d'un dessert. Fermez les yeux et dégustez !

POUR 6 PERSONNES - PRÉPARATION : 30 MIN - CUISSON : 25 À 30 MIN

400 g d'ananas (frais ou décongelé), 2 mangues bien mûres, 2 bananes, le jus de 1 citron vert, 40 g de beurre, 40 g de sucre vanillé, 15 cl de lait de coco
Pour les miettes du crumble : 80 g de sucre en poudre blond, 80 g de farine, 80 g de noix de coco râpée, 100 g de beurre

Épluchez l'ananas, les mangues et les bananes, puis taillez-les en cubes ou en lamelles. Arrosez-les du jus de citron vert.

Faites fondre les 40 g de beurre dans une grande poêle. Quand il commence à mousser, saupoudrez-le de sucre vanillé, puis ajoutez les fruits. Faites-les cuire 3 ou 4 minutes à feu assez vif, en remuant souvent pour les caraméliser légèrement tout en les gardant fermes.

Préchauffez le four à 180 °C (th. 6). Beurrez un plat à gratin.

Étalez les fruits dans le plat et versez le lait de coco.

Préparez les miettes du crumble : mélangez le sucre, la farine et la noix de coco dans une jatte, puis incorporez le beurre coupé en petits morceaux. Mélangez les ingrédients du bout des doigts pour obtenir une consistance granuleuse. Recouvrez les fruits de cette pâte.

Enfournez pour 20 à 25 minutes, jusqu'à ce que la surface forme une belle croûte dorée.

Laissez reposer 10 minutes à la sortie du four et servez dans le plat de cuisson.

LEMON CURD

Traditionnellement tartinée sur des scones ou des muffins, la crème de citron peut aussi servir de garniture pour les tartes ou relever un yaourt ou une glace d'un zeste gourmand.

POUR 2 POTS DE 375 G ENVIRON - PRÉPARATION : 45 MIN - CUISSON : 5 À 10 MIN

75 g de beurre, 2 œufs, 4 gros citrons non traités (+ 1 supplémentaire), 200 g de sucre cristallisé

Coupez le beurre en morceaux et laissez-le ramollir à température ambiante. Cassez les œufs dans un bol et battez-les. Réservez.

Lavez et brossez avec soin les citrons. Râpez les zestes. Coupez-les en deux et pressez-les afin d'en récupérer le jus, puis filtrez-le. Complétez éventuellement avec 1 citron supplémentaire de manière à obtenir 20 cl de jus.

Plongez les zestes 1 minute dans l'eau bouillante, puis égouttez-les.

Versez le sucre dans une casserole à fond épais, avec le jus et les zestes de citron. Chauffez doucement, en remuant régulièrement, jusqu'à ce que le sucre soit complètement dissous. Ajoutez le beurre et laissez-le fondre à feu doux.

Placez la casserole dans un bain-marie à chaleur modérée. Incorporez lentement les œufs à la préparation, en les versant à travers une passoire fine, sans cesser de remuer et en veillant à ne pas atteindre l'ébullition. Chauffez jusqu'à ce que le mélange épaississe et nappe la cuillère.

Retirez du bain-marie, mettez aussitôt en pots, puis fermez-les et retournez-les. Le lemon curd se conserve un mois au réfrigérateur.

le petit + LONELY PLANET

La plus ancienne épicerie de Londres, Fortnum & Mason, qui a fêté son tricentenaire, propose une gamme incroyable de confitures, de friandises et de thés dans une ambiance super chic.

PUDDING AUX FRUITS

Le cultissime dessert anglais s'apprécie d'autant mieux avec un nuage de custard (crème anglaise) ou une cuillérée de crème fraîche.

POUR 8 PERSONNES - PRÉPARATION : 30 MIN - MACÉRATION : 15 MIN - CUISSON : 1 H

300 g de brioche (ou de pain brioché), 30 cl de lait, 30 cl de crème liquide, 100 g de sucre en poudre, 500 g de fruits au choix, seuls ou en mélange : fruits rouges, pommes, poires, prunes, bananes, etc., le jus de ½ citron, 6 œufs

Coupez la brioche en tranches et mettez-la dans une jatte.

Faites chauffer le lait et la crème avec la moitié du sucre. Versez le mélange sur la brioche, couvrez et laissez macérer 15 minutes.

Triez, rincez et épluchez les fruits selon les cas. Taillez-les en lamelles épaisses ou en dés. Arrosez-les du jus de citron.

Dans une autre jatte, battez les œufs avec le reste du sucre pour les blanchir légèrement. Ajoutez-les à la brioche et remuez vivement le mélange jusqu'à ce qu'il soit bien homogène.

Préchauffez le four à 210 °C (th. 7). Beurrez largement un moule à charlotte ou un moule rond profond.

Ajoutez les fruits à la préparation et mélangez à nouveau, délicatement.

Versez la préparation dans le moule. Enfournez pour 1 heure.
Laissez refroidir et démoulez.

TARTE BANOFFEE

Alliance du croquant, du moelleux et du vaporeux, cette tarte ultra-gourmande tire son nom de la contraction de "*banana*" en anglais et de "*toffee*" (caramel).

POUR 6 PERSONNES - PRÉPARATION : 10 MIN - CUISSON : 15 MIN

1 pâte sablée, 400 g de confiture de lait, 2 belles bananes, le jus de ½ citron, 1 bombe de chantilly, 20 g de chocolat noir

Préchauffez le four à 200 °C (th. 6-7).

Déroulez la pâte. Garnissez un moule à tarte, piquez le fond avec une fourchette et coupez nettement le bord à ras du moule. Recouvrez d'un papier sulfurisé et de légumes secs et faites cuire 10 minutes.

Retirez le papier et les légumes secs, et remettez à cuire 5 minutes. Laissez refroidir.

Étalez la confiture de lait uniformément sur le fond de tarte.

Pelez les bananes, coupez-les en rondelles et arrosez-les de jus de citron pour éviter qu'elles ne noircissent. Disposez-les sur la confiture de lait.

Recouvrez le tout d'une couche épaisse de chantilly, puis faites des petits copeaux de chocolat au couteau économe et parsemez-en la surface.

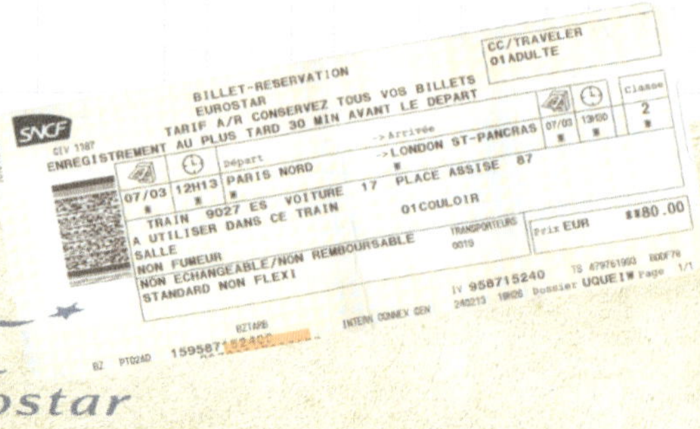

eurostar

CARNET D'ADRESSES

Les meilleures adresses de Lonely Planet pour déguster sur place une cuisine authentique

CUISINE INDIENNE

Café Spice Namasté

16 Prescot St E1 ; Tower Hill ou DLR Tower Gateway.

Au menu de ce restaurant, de sublimes spécialités parsies ou de Goa. Goûtez le *dhansaak,* un ragoût d'agneau accompagné de riz et de lentilles.

Cinnamon Club

Old Westminster Library, 30-32 Great Smith St SW1 ; St James's Park.

Ce club sert une cuisine somptueuse, alliant la tradition indienne à la modernité européenne.

CUISINE CHINOISE

Yauatcha

15-17 Broadwick St W1 ; Oxford Circus.

Un établissement dédié aux *dim sum* (raviolis chinois salés ou sucrés) et qui propose une fabuleuse gamme de thés.

Baozi Inn

25 Newport Ct WC2 ; Leicester Sq.

L'endroit idéal pour savourer une cuisine chinoise de rue de bonne qualité, comme les *baozi* (petits pains farcis à la vapeur) confectionnés chaque jour.

CUISINE BRITANNIQUE

Laughing Gravy

154 Blackfriars Rd SE1 ; Southwark.

On vient y déguster une délicieuse cuisine traditionnelle britannique (selle de mouton marinée au cidre ou friture de mulet).

Penny Black

212 Fulham Rd SW10 ; West Brompton ou Gloucester Rd.

Ce restaurant contemporain est une fête pour les sens. Les produits sont locaux, de toute première fraîcheur, et artistiquement présentés.

PUB GASTRONOMIQUE

Anchor & Hope

36 The Cut SE1 ; Southwark ou Waterloo.

Ce pub sert des mets raffinés. En dépit de la tendance carnivore qui fait sa réputation (épaule d'agneau pré-salée et mijotée 7 heures ou jarret de bœuf braisé au soja), les végétariens ne sont pas oubliés.

The Garrison Public House

99-101 Bermondsey St SE1 ; London Bridge.

Le Garrison séduit par son ambiance de bistrot de bord de mer et sa délicieuse cuisine : couteaux, mouton blackface accompagné de cake citrouille-petits pois-courgettes.

AFTERNOON TEA

Dean Street Townhouse

69-71 Dean St W1 ; Tottenham Court Rd.

Difficile de trouver plus agréable pour un *afternoon tea* que ce salon. L'ambiance à l'ancienne est douillette et les pâtisseries divines.

The Orangery

Kensington Palace, Kensington Gardens W8 ; Queens Way, Notting Hill Gate ou High St Kensington.

L'Orangery, nichée dans un jardin d'hiver du XVIIIe siècle, est le lieu idéal pour (re)découvrir le grand art du thé.

Une sélection de bonnes adresses pour retrouver les produits anglais en France

EN LIGNE

Melkery Shop

http://melkery-shop.fr/

Faites venir les saveurs londoniennes dans votre cuisine en quelques clics : crackers, marmelade, chutneys, pickles…

Piccadilly Time

http://www.piccadilly-time.com/

Un onglet épicerie bien fourni, quelques objets et décorations à la mode londonienne, et la possibilité de s'inscrire à des cours d'anglais ! Que demander de plus ?

English Epicerie

http://www.englishepicerie.fr/

Preuve de l'authenticité anglaise des produits : les petites fautes de français, *so british,* qui parsèment ce site où vous trouverez une large gamme de produits anglo-saxons.

PARTOUT EN FRANCE

Les Comptoirs irlandais

http://www.comptoir-irlandais.com/

Oui oui, on sait, Londres n'est pas en Irlande et il est interdit de confondre le Royaume-Uni et son voisin ! Mais ces boutiques, toujours très chaleureuses, proposent un rayon d'épicerie anglo-saxonne dont les saveurs britanniques vous permettront de composer vos repas londoniens sans difficulté. L'avantage, il y en a partout en France : **Paris, Lille, Bordeaux, Nantes, Grenoble,** entre autres villes.

À PARIS

Épicerie anglaise et américaine

http://epicerie-americaine.com/

5, cité du Wauxhall – 75010 Paris

Si vous voulez vous plonger quelques instants dans une atmosphère britannique, faites un détour par cette boutique au charme typique. Vos repas londoniens n'en seront que plus inspirés.

La Grande Épicerie

http://www.lagrandeepicerie.com/catalogue/l-epicerie-du-monde/l-epicerie-anglaise.html

38, rue de Sèvres – 75007 Paris

Ce magasin prestigieux propose un rayon de produits anglais sympathiques et de bonne qualité. Vous pourrez faire le plein de marmelades, de sauces en tout genre et de biscuits façon *tea party*.

À LYON

Little Britain

http://www.littlebritain.fr/

12, boulevard des Brotteaux – 69006 Lyon

Little Britain est une référence en matière de produits anglais. Les tenanciers ont vécu près de quinze ans au Royaume-Uni et ont à cœur de partager leur passion pour la gastronomie anglo-saxonne.

À BORDEAUX

Tea Cosy

http://www.boutiqueanglaise.com/

60, rue Bouffard – 33000 Bordeaux

Si vous êtes à la recherche d'un peu de kitsch à l'anglaise, si vous voulez renouveler votre service à thé ou vous équiper d'un plaid à carreaux, c'est la boutique qu'il vous faut ! Le rayon épicerie n'est pas grand, mais il y a tout ce qu'il faut pour accueillir ses invités dans une authentique ambiance britannique.

INDEX

Solar
Direction éditoriale : Corinne Cesano
Édition : Delphine Depras
Collaboration éditoriale : Miléna Zahalka
Direction artistique : Vu Thi
Réalisation graphique : Sébastien Chenaud
Collaboration graphique : Anaëlle Daussy
Conception et réalisation de la couverture : le Bureau des Affaires Graphiques
Fabrication : Laurence Ledru-Duboscq

Lonely Planet
Direction éditoriale : Didier Férat
Édition : Juliette Stephens et Dominique Spaety

Crédits des recettes :
Estérelle Payany : pp. 10, 56 ; Stéphanie Bulteau : pp. 12, 44, 58 ; Solveig Darrigo-Dartinet : pp. 14, 36, 54, 60 ; Sylvie Girard-Lagorce : 18, 32 ; Martine Lizambard : pp. 20, 26, 28, 30, 40, 62, 64, 66, 68 ; Marie Claude Bisson : pp. 24, 52 ; Gabrielle Keng : p. 34 ; Véronique Liégeois : p. 38 ; Olivier Rouault : p. 50.

Photographies & stylisme :
Éric Fénot et Delphine Brunet : pp. 10, 12, 26, 18, 32, 36, 42, 44, 46, 48, 50, 54, 58, 60, 62, 64, 68 ; Valéry Guedès et Natacha Arnoult : pp. 14, 34, 40, 56 ; Guillaume Czerw et Sophie Dupuis-Gaulier : pp.16, 22, 24, 28, 30, 52, 66 ; Natacha Nikouline et Sophie Dwernicki : p. 20 ; Bernard Radvaner et Motoko Okuno : p. 28. ©123RF : timbres et tampons pp. 1, 2, 6, 22, 32, 42, 46, 48, 50, 54, 60, photos p. 4 (bas/centre), p. 5 (haut/droite) et p. 8 (centre/haut) ; Fotolia : p. 4 (haut/gauche) ; Neil Setchfield, Lonely Planet Images, ©Getty Images : p. 6 (bas/gauche), p. 7 (haut/droite), p. 8 (haut/gauche) ; Lonely Planet, Lonely Planet Images, ©Getty Images : p. 7 (haut/gauche) et p. 9 (bas/droite) ; Richard L'Anson, Lonely Planet Images, ©Getty Images : p. 7 (bas/droite) ; Christer Fredriksson, Lonely Planet Images, ©Getty Images : p. 8 (bas/gauche) ; Simon Greenwood, Lonely Planet Images, ©Getty Images : p. 8 (centre/bas).
Photo 4e de couverture (haut) : © Shutterstock/Paul B. Moore. Illustrations couverture : © Shutterstock/Ohn Mar.

ISBN : 978-2-263-06329-9
Code éditeur : S06329
Dépôt légal : octobre 2013
Imprimé en France par Pollina - L65928

Solar | un département place des éditeurs